रूह से शब्द तक

कलपना

ISBN 979-888546038-5

जीवन मे माँ और पिता की जो जगह होती है उसका अंदाज़ा नही लगाया जा सकता। मैं आभारी हूँ ईश्वर की जिनकी वजह से मुझे ऐसे महान माँ और पिता की बेटी होने का गौरव मिला। मैंने जीवन की जो परीभाषा दोनों ही लोगो से सीखी और सीख रही हूँ वो जीवन काल के अंत तक मुझे और बेहतर करती रहेगी। मैं अपने लेखन के द्वारा उनके दिए संस्कारो और मूल बातों को हर एक सच्चे और सही इंसान तक पहुचना चाहती हूं। मैं मन से आभार व्यक्त करती हूँ। अपने माँ और पिताजी का और आशा करती हूँ उनका नाम समूचे विश्व मे रोशन कर सकूँ।

क्रम-सूची

क्रम-सूची

क्रम-सूची

क्रम-सूची

क्रम-सूची

प्रस्तावना

हमारे जीवन में बहुत से ऐसे पल आते हैं जब हम कुछ कहने या सोचने की हालत में नहीं होते....... क्योंकि मन में बहुत सी बातें और ख्याल चल रहे होते हैं.....यह किताब में एक मुलाकात का हिस्सा है.... ऐसी मुलाकात जिसमें जीवन की छुट्टी हुई बहुत सी बातों को मुझ से उजागर कर दिया। इस किताब में मुलाकात की वो कहानी है जो आप में हम सब कभी ना कभी महसूस करते हैं, और जो हमारे दिलो-दिमाग में इस तरह रह जाती है कि भुलाए नहीं बुलाई जाती। मुझे लगता है आप सभी मेरे जज्बातों से पूरी तरह रूह तक रूबरू हो पाएंगे क्योंकि यह कहानी है रूह से शब्द तक

पावती (स्वीकृति)

जीवन की भाग दौड़ में कई मुकाम ऐसे आए, जिसमें मैंने खुद को इस हुजूम में तन्हा पाया...... वक्त चलता रहा और मुझे भी वक्त के साथ चलना था। जिससे मैं रुकी नहीं। मेरे जीवन के कोने में खालीपन के सिवा कुछ नहीं था। और उसे भरने का जरिया मुझे ढूंढना था, और धीरे-धीरे बदलते वक्त में मैंने खुद को संभाला भी और बदला भी। धीरे-धीरे मैंने अपने मन का खालीपन भरने के लिए लिखने का सहारा लिया.... और आखिरकार वह पल और मंजर मेरे सामने है जिसमें मैं खुद की बातों को दुनिया के साथ सांझा कर दिया..... मेरी इस किताब के साथ

लेखक का परिचय

"Kalpna"

आज के वक्त की शायरी में अपने आप को तराशती और मशरूफ रखती कल्पना सिंह एक उभरती लेखिका, अध्यापिका और कारोबार संभालती हैं। इनका नज़्म और कहानियों को लेकर कहना है कि जीवन के हर एक बीते पल के एहसास को शब्दों में पिरो कर अपने मन की बात को कहने का, लिखने से बेहतर और कोई जरिया है ही नहीं। हम जो कुछ भी अपने जीवन में महसूस करते हैं उसका खुद से कहा जाना बहुत आवश्यक है। और यह किताब इसी बात को दर्शाती है

1

वो मुलाक़ात

मेरा नाम इश्क है, सुना तो होगा यह शायद कभी महसूस किया हो क्यों? जानती हूं यह नाम ही एहसासों भरा है। कुछ हंस देते हैं कुछ यादों में खो जाते हैं। अरे अरे रुकिए आप तो चलने लगे, जिस सच है मेरा नाम इश्क है आप मुझे किसी भी रंग का इस कह सकते हैं मुझे कोई परेशानी नहीं है।

चलिए आज मैं आपको अपनी जिंदगी के एक ख्याल से मिलवाती हूं या यह कहिए आपको एक किस्सा बताती हूं किस्सा ऐसा जो सिर्फ किस्सा नहीं है वह मेरा हिस्सा है जिसने काफी कुछ सिखा दिया।

एक बात बताओ ऐसा कभी महसूस किया है कि हम बस जिंदगी में चलते जा रहे हैं जिम्मेदारियां निभाते जा रहे हैं इस भागती दौड़ती जिंदगी में जैसे रुक कर सांस तो लेना चाहते हैं बस वक्त ही नहीं मिल रहा हो। क्या कहा, हां जानती हूं यह एहसास कभी कभी ना सबको महसूस होता है।

आप जानते हैं कुछ साल पहले मैं भी इस दौर से गुजर रही थी सुबह से शाम कैसे हो जाती थी पता ही नहीं चलता था हो आप ही सोचते होंगे कैसे अजीब मोहतरमा है यह इतनी देर से बात कर रही है पर अब तक अपने बारे में कुछ बताया ही नही माफ कीजिएगा, आपसे बात करने की और अपनी बात बताने की खुशी में भूल ही गई वह क्या है ना मैं भी पहली बार ऐसे बात कर रही हूं तो थोड़ा घबराई हुई भी हूं देखिए नाम तो

अपना बता ही चुकी हूं जी सही कहा इश्क मेरी फैमिली में मां है दी है एक छोटी बहन है और भाई शामिल है वह आप पूछेंगे बा कहां है 5 साल पहले किसी बीमारी के चलते अब हमारे बीच नहीं है मैं उन्हें बहुत याद करती हूं अरे यार आप भी ना सेंड कर देते हैं ज्यादा सोचिए मत और उनके संस्कार मेरे अंदर अभी भी नीहित हैं।

तो हम कहां थे मेरे नाम इश्क पर अब इश्क की बात हो और किसी का जिक्र ना हो ऐसे तो मंजूर नहीं जानती हूं तो अब बिना देर किए मैं आपको इश्क के इश्क से बल्ब आती हूं। आज से कुछ साल पहले.....

कुछ साल पहले शायद 2018 रहा होगा। दिन कौन सा था याद नहीं इश्क का दिन सुबह 5:00 बजे से शुरू होता था मॉर्निंग में सारा काम कर जॉब पर जाना, शाम 4:00 बजे वापस आना मां और छोटी के साथ चाय पीना और चाय पीते पीते सारा दिन क्या हुआ किस से मिले क्या काम किया किस पर गुस्सा किया बाकी किससे पे गुस्सा आया यह सब बता दी थी।

वह इश्क बड़ी मासूम है इश्का इस हकीकत की दुनिया से वाकिफ होते हुए भी वह आज भी अपने ख्याल जिंदा रखती है सारा काम खत्म होने पर जब सब सोने को जाते हैं पर उसकी आंखों में नींद कहां? यह वक्त उसका खुद से मिलने का है खुद से एहसासों से मिलने का है आजकल इश्क को नींद नहीं आती है जाने इश्क मन में क्या चलते हैं जाने इश्क क्या सोचने लगी है?

कल इश्क का दिन थोड़ा अलग था उसे इस वक्त भी यकीन नहीं होता जो कल रात हुआ थोड़ा अजीब पर कुछ अपनेपन का एहसास का एहसास था उस रात में। हमारी इश्क है सालों से खुद को बुलाती दौड़ती रहती है पर कल जैसे कोई मिला और उसे हाथ थाम रोका हो और साथ बैठा लिया हो और हमारी इश्क उन एहसासों में है उस मुलाकात में है।

आप भी सोच रहे होंगे क्या बात हो रही है? किससे बात हो रही है क्या इश्क रात को किसी से मिली थी या कोई उससे मिलने आया अरे थोड़ा सब्र रखिए सब बयां करूंगी अब मैं आपको ऐसे बता दूं बीच में से तो मजा नहीं आएगा है ना। तुम मैं आपको शुरू से बताती हूं दिल थाम के सुनी हमारे इश्क आज इन एहसासों में कैसे हैं?

इश्क के एक दोस्त है नॉर्मल फ्रेंड जैसे आपके भी होंगे अरे वही फ्रेंड जिससे दो-तीन महीने एक बार बात हो सही पहचान जाए ना बस आपके तीन चार महीने बात करने वाले दोस्त और इश्क इस दोस्त में थोड़ा फर्क है क्या फर्क है बताती हूं अभी उनसे बात करती है दो-तीन घंटे तो बात होती है और हां आपको बता दूं कि यह दोनों अब तक मिले नहीं है बस बात बहुत अच्छे से होती है पिछले कुछ वक्त से वैसे यह जनाब आर्टिस्ट हैं और इनका नाम है अरुराग। थोड़ा अलग है है ना और अनुराग सोशल मीडिया पर मिले थे कुछ वक्त एफबी पर बात करने के बाद नंबर एक्सचेंज हुए और फिर कॉल पर बातें शुरू हुई दोनों ही बड़े नार्मल फ्रेंड की तरह बात करते थे दोनों में कई बार मिलने का भी प्लान किया पर हर बार अरुराग की तरफ से कुछ ना कुछ हो जाता और जनाब बिजी हैं सॉरी बोलकर अगली बार प्लान करते हैं यह सिलसिला काफी लंबे वक्त चलता रहा अरोरा कॉल पर बहुत सारी बातें करता पर शायद मिलने से हित की चाहिए उन्हें अब आर्टिस्ट लोगों का क्या कहीं थोड़े लोग तो होते ही हैं और हमारी इश्क भी ज्यादा कुछ कहती नहीं थी मिलने को लेकर पर एक बात थी एक दोनों इतना बात करते थे कि शायद ही कोई टॉपिक बचा हो जिस पर बात ना हुई हो अरुराग।हमेशा अपने काम के बारे में बात करता क्या चल रहा है नेट प्लान क्या है और कैसे लोगों को समझाना यह समझना पड़ता है जहां हमारे अरुराग बहुत कम मिलने वाले थे वहीं दूसरी तरफ हमारे इससे बिल्कुल अलग।

उसे नहीं लोगों से मिलना फ्रेंड्स के साथ घूमना खुद पर खर्च करना और अपने दिल की करने वालों में थी जब भी मिलने की बात अरुराग से करती तो एक बात तू जरूर पूछती थी अरुराग से दिक्कत क्या है हर बार की तरह अनुराग पहले काम की दुहाई देते फिर इश्क की नाराजगी को ठीक करने के लिए अक्सर मजाक में कहते की देखी आप इतने अच्छे दिखते हो और मैं बड़ा सिंपल सा कैसे मिलूं और मिलकर क्या बोलूं मैं आपके आगे कुछ बोल नहीं पाउंगा पर हर बार बोलती अरे वाह मैं भी सिंपल ही हूं। दोस्ती को इतना वक्त हुआ एक बार मिलना तो बनता है और हर बार की तरह नेक्स्ट टाइम प्लान करते हैं कहकर बात

खत्म होती है।

पर आज इसकी आंखों में नींद नहीं है इश्क कल की बातों में कोई है अरुराग की बार इसकी तारीफ करते थे और वह इश्क को लाइक करते हैं और वह इश्क की तारीफ करते है। यह भी कहते थे पर उसके साथ ही यह भी कहती थी कि इश्क में तुम्हें पसंद करता हूं तुम बहुत अच्छी हो लाइफ में तुम्हें कोई बहुत अच्छा मिले मैं उस लायक नहीं हूं बस आपके लिए दुआ कर सकता हूं कि आप खुश रहो। इन सब बातों को सुनकर हैरान हो जाती थी अरोरा कितने अलग है कभी कुछ गलत नहीं कहते ना फ्लर्ट करते हैं ना मिलने की कोई जल्दी है और मेरे लिए दुआ भी करते हैं है ना? आज के टाइम में लोग 2 दिन चैट करते हैं तीसरे दिन को फीवर मिलते हैं फिर शुरू होता है मिलने का सिलसिला और जितना जल्दी यह सब शुरू होता है उतना ही जल्दी एक दूसरे को ना समझ पाने की हड़बड़ाहट में वो रिश्ता भी जल्दी खत्म हो जाता है।

और एक हमारे इश्क और अनुराग को 3 साल हो गए मिले ही नहीं पर शायद मन से जुड़ गए हैं और दोनों को पता भी नहीं बात कल रात की है जो कल रात अनुराग से बात हुई इसको तो यकीन नहीं है अब भी कल जो हुआ वह वह सच था या फिर खयाल का अरुराग इतना खुल कर बात करेंगे सोचा नहीं था

हमारी इश्क आज भी प्यार में विश्वास करती है। पर मतलबी दुनिया में कबूल नहीं करती। मन से वह हमेशा किसी को खोजती है, जो उसका हो और हमेशा के लिए उसे अपना बना ले पर तक नाकामयाब ही रही, सब उसके चेहरे और जिस्म पर ही आंख रखते थे हमारे इश्क मन को जीतने वाले को ढूंढती थी। भी इश्क अपने मन के ख्यालों में खोई कुछ उदासी थी थोड़ी ही देर अरुराग का मैसेज आया इश्क हाय हाउ आर यू पूछा, अरुराग के पूछने पर क्या कर रही हो इस ने जवाब दिया सोच रही हूं तो अरुराग ने पूछा क्या सोच रही हो?

किसने कहा सब इतने मतलबी क्यों होते हैं? ऐसा क्या हो गया? अरुराग ने पूछा। ऐसा लगता है लोग सिर्फ स्वार्थ से ही रिश्ते बनाते चाहते हैं जिसमें कोई ना कोई फायदा शामिल होता है हां बस यही

सोचकर मन अच्छा नहीं है इसमें जवाब दिया किसी ने कुछ बोला तो नहीं अनुराग में इश्क का मन टटोलने के लिए पूछा नहीं किसी ने कुछ नहीं कहा मैं जिससे भी बात करती हूं, सबको सिर्फ जिस्म ही आता है, सैलरी नजर आती है, पर मन, मन क्या कहता है उसका तो जैसे कोई मोल ही नहीं मैं हर बार टूट जाती हूं, वो कहते हैं ना चमकती टुकड़े सोना नहीं होते, कोई सच्चा नजर ही नहीं आता। क्या ढूंढ रही हो तुम अरुराग ने पूछा। तब इश्क ने कहा कोई ऐसा जो मुझे समझे मेरे अंदर के बच्चे को अपनाए मुझे बदले नहीं बेहतर करें कोई ऐसा जिसका मन मेरे दिल को छू जाए। जो सच्चा हो, ईमानदार हो, खुद पर भरोसा करें अपने काम से प्यार करे कोई ऐसा जो मेरी मां के साथ बैठकर मुझे ही डांट खिलवा दे। मेरी मां को मां समझे।जो पैसा ना चाहे। मुझे चाहे जिस का प्यार मेरे लिए सब कुछ हो यह तो सिर्फ खयालों में ही होता है है ना? तुम बताओ कुछ नया एक सवाल का जवाब दोगे इस अरु राग ने पूछा। हां पूछो। अगर कोई मेरे जैसा तुम से हाथ थामने को कहे तो क्या जवाब होगा तुम्हारा? अरुराग ने बोला। इश्क सोच रही थी कुछ देर बाद चुप्पी तोड़ते हुए बोली। यह मजाक का वक्त नहीं है प्लीज अरुराग ऐसा मत बोलो। अरुराग मैं फिर आगे बोला नहीं मैं सच में पूछ रहा हूं मैं तुम्हें पसंद करता हूं पर जानता हूं अभी इतना काबिल नहीं हूं और ना ही तुम मुझे पसंद करती हो, तो बस ऐसे ही पूछ रहा हूं अरुराग ने बात बोलते हुए सवाल किया। हमारी इश्क सोच रही थी कि अरुराग ऐसा क्यों बोल रहा है? क्या वह सच में मुझे पसंद करता है? वैसे आज तक उन्होंने कभी कोई गलत बात नहीं की ना फायदा उठाने की बात की इश्क ने मन को मजबूत किया और कहा देखो अनुराग तो मुझे अच्छे से जानते हो मैं टाइम पास के मूड में नहीं हूं प्लीज मैं यह हैंडल नहीं कर सकती जो कोई सच्चा इंसान मिला सिंपल सा जो शादी करे, हम कितना लड़े या कितना गुस्सा हो उससे कोई फर्क ना पड़े रिश्ता सच्चा हो। कितनी भी प्रॉब्लम हो हम साथ रहे, यह तय हो तो जिंदगी दे भी दे पर मैं जानती हूं मैं कॉफी के टाइम में कुल्हड़ वाली चाय मांग रही हूं और अगर ऊपर वाले ने देना होगा तो दे देगा। वरना कोई नहीं चाहिए और तुम मजाक करना बंद करो इश्क ने कहा। अरुराग आज शायद आपने मन की बात कह रहा था

। और इश्क डर से समझना नहीं चाहती थी अनुराग ने फिर कहा मेरा हाथ थाम होगी कभी नहीं छोडूंगा तुम्हारा हाथ और हां यह मैं कह सकता हूं कि शादी भी करूंगा पर कुछ वक्त बाद, पर जरूर करूंगा बताओ इश्क मेरा हाथ थाम ओगी देखो अनुराग मैं जानती हूं आप बहुत अच्छे हो सच्चे हो पर आप मुझसे प्यार नहीं करते तो प्लीज यह सब मत करो। मैंने बहुत धोखे खाए हैं एक और नहीं खा सकती हम दोस्त ही ठीक है आप मुझसे प्यार नहीं करते और मैं इतने वक्त से प्यार ढूंढ रही हूं। सोचोगे चला इश्क ने यह बोल कर अपनी बात खत्म की।

दोनों कुछ भी खामोश रहे फिर अरुराग ने कहा देखो इश्क मैं तुम्हें शुरू से पसंद करता हूं पर तुम मुझे जैसे की नहीं हो सकती हो इसलिए कभी कुछ कहा नहीं सोचा था मेरे दिल की बात है शायद मैं कभी बताता ही नहीं पर आज बता रहा हूं मैं आपको प्यार करता हूं क्या मेरे जैसे लड़के का हाथ थाम ओगी जो अभी प्रॉपर सेटल नहीं है। बताओ, बोलो इश्क।

मैंने हाथ थाम लिया और कल आप कोई बहाना बना कर चले गए तो मैं बर्दाश्त नहीं कर पाऊंगी। मैं फिर से टूटना नहीं चाहती। बहुत मुश्किल से खुद को संभाला है मैंने इसके कह कर चुप हो गई। कुछ देर बाद अनुराग ने कहा - मेरा साथ दोगी मैं तुमसे प्यार करता हूं आई लव यू। इश्क कुछ देर खामोश कहीं फिर चुप्पी तोड़ते हुए बोली, बहुत रात हो गई है अब सो जाओ बाद में बात करेंगे और इश्क में फोन कट कर दिया।

इसकी आंखों में नींद नहीं थी दिल जोर से धड़क रहा था वह सोच रही थी कि अनुराग ने आज जो कहा वह ऐसे कैसे, इससे पहले कभी कोई हिंट तक नहीं दिया उसने। एक अजीब से एहसास में डूब रही थी। क्योंकि इश्क जानती थी अरुराग दूसरों के जैसे नहीं है। मन की बात उन्होंने कही है वैसे अरुरागअच्छे इंसान है। डीके भी बहुत अच्छे हैं सब की रिस्पेक्ट करते हैं उन्हें अपने काम से बहुत प्यार है और एक चीज जो मुझे भी बेहद पसंद है वह लिखते बहुत अच्छा है। अरे यह क्या हो रहा है? मैं अरुराग के बारे में इतना क्यों सोच रही हूं? सो जाती हूं कल

देखूंगी।

इश्क हमारी कोशिश करती रही पर उसकी इतनी कोशिश करने पर भी नींद नहीं आई रात के 2:00 बज चुके हैं। इश्क में फोन हाथ में लिया और पता नहीं क्या सोच कर अनुराग आपको मैसेज किया। आप इस वक्त उठे हुए हो? फोन तुरंत तकिए के नीचे छुपा दिया। थोड़ी देर बाद फोन को दोबारा तकिए से निकाल कर दिखा। जवाब भेजा था अनुराग हां बोलो। इसमें पूछा आप सोए नहीं अभी तक। अनुराग नहीं लिखा तुम नहीं सोई क्यों? इसमें लिखा नींद नहीं आ रही है। मन बेचैन है। अनुराग आपसे कुछ पूछूं सच बोलोगे प्लीज।अनुराग आपने कहा हां पूछो आपने आज जो कुछ भी कहा वह सच था या बस ऐसे ही बोल दिया इश्क ने पूछा। अनुराग ने कहा आपको क्या लगता है? तो उसने कहा मुझे क्या लगता है यह मैंने नहीं पूछा जो पूछा है आप उसका जवाब दो। तो अनुराग ने कहा वह मेरा सच है जो मैंने आपसे कहा मैंने सोचा था कभी बताऊंगा नहीं आपको। पर आज बात करते-करते पता नहीं कैसे आपको सच बता दिया मैंने। इश्क मुझे आप से कोई उम्मीद नहीं है। मैं जानता हूं, मैं आपकी चॉइस नहीं हो सकता उस सिर्फ मेरे मन की बात है आप टेंशन मत लो हम दोस्त हैं तो हमेशा रहेंगे और अगर आप आज के बाद बात नहीं करना चाहती हो तो वह भी बता दो मैं कुछ नहीं कहूंगा। इसकी सब सुन रही थी और उसकी आंखों में आंसू थे यह सुनकर हैरान थी कि कोई ऐसा कैसे हो सकता है। इतना पाक, इतना सच्चा, इतना नेक। अनुराग जैसे-जैसे बात करता गया इश्क के दिल की बेड़ियां टूटती गईं। इश्क जो इतनी मजबूत थी धीरे-धीरे अरु राग की बातों से पिघलती गई।

इश्क यह सब अनुराग की जुबान से सुनते हुए खामोश थी। अनुराग के हेलो, हेलो कहने पर इश्क ने हां करके यह बताया वह सब सुन रही है। चुप्पी तोड़ते हुए उसने कहा -अनुराग मैं एक बात बोलूं अगर हो सके तो आज पूरी रात मेरे साथ जागोगे प्लीज? अगर तुम्हें सही लगे, इसलिए सोच रही थी कि अरु राग मना कर देगा। पर अनुराग ने हां कहा। और दोनों पूरी रात कॉल पर बिना कुछ बोले साथ रहे। वो पूरी रात हमारी इश्क बहुत रोई। दोनों में से कोई नहीं सोया।पर उस रात इश्क की

मुलाकात अपने सच्चे इश्क से हुई जिसे वह ढूंढ रही थी। इस जिसे जिंदगी में चाहती थी आज वही प्यार बनके उसका हाथ थाना जाता था। इश्क इस नेक दिल इंसान से प्यार करने के लिए पहला कदम ले चुकी थी। हमारी इसकी अपने इश्क से वो पहली मुलाकात खामोश पर आंसू भरी थी। पर होठों पर मुस्कान थी इस खुश थी। जैसी दुआ वो खुदा से मांग की थी आज वह दुआ पूरी हुई। आज इश्क की इश्क से मुलाकात पूरी हुई।

2

सिलसिला बातों का

हेलो दोस्तों कैसे हैं आप? अरे क्या हुआ? कहीं आप मुझे भूल तो नहीं गए? चलिए याद दिलाती हूं। हमारी पिछली मुलाकात हुई थी ' वो मुलाकात से '. कुछ याद आया। अरे वाह आपको तो याद है। जी मैं हूं आपकी इश्क। मुझे याद तो किया होगा आपनेे या मेरी कहें किससे को । जो मेरी जिंदगी का किस्सा ही नहीं ऐसा भी है। वो मुलाकात ' से आपको यह समझ तो आ ही गया होगा कि इश्क और अनुराग ये दोनों ही अपनी लाइफ में किसी ऐसे को चाहते हैं जो सच्चा हो जिससे प्यार किया जा सके, जिसके लिए खुद को और बेहतर बनाने की तलब हो। तो दोस्तों दिल थामें अब मैं आपको उस रात के बाद क्या हुआ और यह दोनों एक दूसरे के कैसे होए यह मैं आपको बताने वाली हूं तो आप तैयार है?

अनुराग ना अपने मन की बात कहते हुए और यह भी जताते हुए कि वह जानते हैं कि इश्क ना ही बोलेगी, ये सोच कर सब बता दिया बिना किसी उम्मीद के। और हमारी इश्क अब भी उस खामोशी के एहसास से बाहर नहीं आ पायी है। इसको समझ ही नहीं आ रहा है कि वह क्या प्रतिक्रिया दे। वह हैरान है परेशान है इश्क बस खामोश हो गई है इस वक्त। आप सब विश्वास नहीं करोगे हमारी इतनी देखने वाली इश्क, इतनी खामोश, सुबह हो गई है इश्क अब भी बिस्तर पर लेटी है। फोन कट चुका है। हमारे इश्क बस एक टक फोन को चलाते हुए निहार रही है

। आज इस वक्त इसके जुबान खामोश है पर जैसे वह कहना बहुत कुछ आती है। सुबह के बाद बच्चों के हैं, हमारी इस पूरी रात ना सो कर नहीं थकी हुई तो बिल्कुल नहीं लग रही है। बल्कि इस वक्त कोई उसे देख ले तो यही कहेगा कि वह बहुत तरोताजा लग रही है। पर एक बात है, उसके मन में बहुत कुछ चल रहा है। उसका मन शांत नहीं है इश्क इतनी खुश है कि वह जोर से चिल्ला कर सबको बोला जाती है कि देखो जिसका इतने सालों में ने इंतजार किया, अब जाकर मुझे मिला है। और अनुराग कुछ है भी ऐसा ही। अपनी बातों को इतने सरल तरीके से कह दिया कि बात दिमाग से होते हुए सीधा इश्क़ दिल में घर कर गई।

हमारे इष्ट आज बहुत खुश है आज 10 मई सन 2020 है। सुबह के 6:00 बज चुके हैं उस अचानक से उठती है और कुछ किताबों को खंगोलती है जाने क्या ढूंढ रही है? अरे यह क्या, यह तो एक डायरी है इश्क़ की, जी हां डायरी वो भी इश्क़ की। एक वक्त था जब इसको लिखने का बहुत शौक था और दिन में क्या हुआ दिल में क्या हुआ अच्छा लगा क्या बुरा लगा सब लिखते थी। पर आपको एक बात बता देती हूं वह डेली डायरी नहीं दिखती थी। जो भी घटा था उसे नज़्म बनाकर लिखी थी। मेरी डायरी तो बहुत वक्त से ऐसे इश्क की जिंदगी से गायब ही हो गई थी। जब से उसने अपना एक हिस्सा को दिया था हमेशा के लिए। हमारे इश्क दिखने में जितनी प्यारी है उसका दिल उससे भी कहीं ज्यादा प्यारा है। बहुत लाडली है वह सब की। पर आज यह डायरी वह भी इतने सालों बाद। लगता है पुरानी वाली इश्क आज फिर जागी है। क्या बात है अनुराग, उसकी की बातों का असर लग रहा है जो मोहित शर्मा ने की दायरी को छुआ है।

उसकी डायरी को साफ करती है और अपने रंग बिरंगे पैन में से एक पैन निकाल, मां को बिना बताए पहले मंजिल पर चली जाती है। जहां कोई उसे देखे नहीं उसके अंदर उमड़ते हुए हैं एहसासों को कोई ना देखें। किसको सब लिखना चाहती थी जो वह रात से महसूस कर रही थी। आज उसे अनुराग से बात करके या यह कहूं बात ना करके, सिर्फ महसूस करके। तू जैसे अपने ही जहान में थी खुश थी इश्क।

इसको लिखने में बहुत वक्त हुआ था और उसे यह कभी महसूस ही नहीं हुआ कि वह दोबारा लिखना शुरू करें। यह शायद अभी तक किसी ने उसकी दिन कुछ हुआ ही नहीं था। हमारे इश्क बीती हुई रात और उस खामोश साथ के बारे में लिखती है जो रात अरुराग ने सौगात की तरह दी।

" कोई इतना बात इतना नेट कैसे हो सकता है इश्क, हैरान हूं उसकी सच्चाई से, कैसे हो सकता है इश्क, उसने बात दिल खोल कर नहीं मन खोलकर की है इश्क़, अरु कहां थाम ले, उसने अपना बना ले इश्क़। " इसके चंद लाइंस लिखने के बाद बहुत रोई, उसे यकीन नहीं हो रहा था कि मैं जिसका इंतजार इतने सालों से कर रही थी अब जाकर भगवान ने सुना है। इश्क में अपनी पा को भी शुक्रिया अदा किया। पा भगवान के पास है और शायद इसलिए सोचती थी कि यह नेक इंसान पा नी ही भेजा है। जो उनकी बेटी को बहुत प्यार दे उसका साथ दें। इश्क में सुबह लिखने के बाद सबसे पहले मोबाइल उठाया और सोचिए किस को कॉल किया होगा? सोचिए सोचिए...... बिल्कुल सही समझा अरुराग को। अब सोचो पूरी रात मैडम इश्क में अरुराग खुश होने नहीं दिया और अब तो कॉल कर रही है। फिर चाहे इंसान अभी-अभी ही क्यों ना सोया हो। मेरा मतलब है कि यह तो बहुत नार्मल है ना। कोई सोया नहीं था अब सो रहा है क्यों ठीक है ना। अब इश्क ने कॉल लगाया, घंटी बज रही थी अचानक से इश्क को पता नहीं क्या हुआ कि मैडम ने फोन ही काट दिया। जी सच में फोन काट दिया, हाय बिचारी इश्क। किसके हाथ कांप रहे थे, और वह सिर्फ अरुराग के बारे में ही सोच रही थी कि तू क्या बोलेगी की अरुराग मैं बहुत खुश हूं सिर्फ तुम्हारी वजह से, और भी बहुत कुछ अब तो इश्क कॉल कट कर चुकी है। अचानक से फोन की रिंग बजती है और इस डर जाती है। स्क्रीन पर दिखती है नाम अरुराग। इस के चेहरे पर खुशी देखी जा सकती है। इस फोन उठाती है, बड़े ही प्यार से बोलती है हाय। गुड मॉर्निंग, इसकी आवाज में जैसे चाशनी घूली हो। इश्क ने अरुराग से कहा। उधर से आवाज आई गुड मॉर्निंग। अरे आप सोए नहीं। मुझे लगा रात भर जागी है आप। थोड़ी देर आप सो जाए। अरुराग की बातों में अपने लिए फिक्र देखकर इश्क अंदर ही अंदर इतनी खुश हो रही

थी मानो कोई खजाना हाथ लग गया हो। जिसे वो न जाने कितने सालों से खोज रही थी। इतने बड़े प्यार से जवाब दिया - नहीं मुझे नींद नहीं आ रही है। पर हां आप सो जाओ थोड़ी देर के लिए। मेरी वजह से आप पूरी रात जागे हो। ऐसा कुछ नहीं है मुझे आदत है मैं अक्सर रात को काम करता हूं तो आप इसकी फिक्र ना करें मैं बिल्कुल ठीक हूं। इश्क ने अरुराग से पूछा तो अब आप क्या करेंगे? अरुराग ने कहा, सबसे पहले नहाना है फिर पूजा करूंगा और उसके बाद नाश्ता करेंगे फिर काम से बाहर जाना है क्यों? क्या हुआ? नहीं कुछ नहीं बस ऐसे ही पूछ रही थी इश्क़ खामोश हो गयी। फिर थोड़ी देर में मां की आवाज आई, 7:00 बज गए थे मैं नीचे आने के लिए बोल रही थी। और हमारी इश्क थी कि कुछ और देर अरुराग की आवाज सुनना चाहती थी। क्या कर सकते हैं, मां ने बुलाया है। अरुराग अभी मां बुला रही है मैं आपसे बाद में बात करती हूं ठीक है। आपको भी काम होगा हम्म। ठीक है इश्क आप काम करिए आराम से बाद में बात करते हैं। हमारी इश्क अपने चेहरे को नार्मल करते हुए नीचे आई। ताकि मां को कहीं यह जाना पड़ जाएगी सुबह चेहरे पर इतनी रौनक कैसे हैं, कहां से आई।

इश्क में नीचे आती ही ऐलान किया की... मां आज का नाश्ता मैं बनाऊंगी। बस अभी आई नहा कर। मैडम आज नहा कर घर के मंदिर में पूजा कर रही थी। अब आप सोच रहे होंगे कि टाइम पर नहाना और पूजा करना क्या ही अपनी बड़ी बात है? यह तो सभी के घर में होता है मैं समझाती हूं। इश्क के पा जब से गए हैं इस दुनिया से, पूजा घर में बस तभी जाती है जमा बुलाती है। इश्क यह भी मानती है कि उसके पास उसे ऊपर से जरूर देखते होंगे। इश्क कैसी है? यीशु जब नहा कर पूजा करने लगी तो उसकी आंखें नम थी। भगवान को और पा को बार-बार थैंक यू कर रही थी। । उसकी लाइफ में जिसका इंतजार हो कर रही थी वह अब जाकर उसकी लाइफ में आया है।

वैसे आपको एक बात बोलूं मैं बहुत डरती थी कि अगर मुझे ऐसा लड़का पसंद आया जो आगे चलकर मेरी मां से बदतमीजी कर गया तो मैं, जीते जी मर जाऊंगी। आज जिस के एहसास में घेरा है, रूप बहुत खास है। उसकी जुबान में परवाह और सबके लिए बहुत इज्जत है।

अनुराग और इश्क कितना अच्छा लगता है साथ में। है ना। मैं आज पूरे दिन बस अनुराग के बारे में सोचती रही। क्या अनुराग ने जो कहा वह सच है? वह मुझसे जिंदगी भर का साथ चाहते है। वह मुझे वैसे ही अपनाना चाहते हैं जैसी मैं हूं। और मुझे अनुराग का वो अपनापन भा गया, और बिना मिलावट के अपने दिल की बात जिस तरह उन्होंने कही है, क्या कमाल अंदाज में कही है। सच दिल को छू गया।

अरे आपको एक बात तो बताई ही नहीं मैंने अनुराग में बहुत सी खूबियां है। एक-एक करके बताती हूं एक तो वह बहुत अच्छा लिखते हैं। वह बहुत सुरीला गाते भी है। पर यही नहीं एक लड़की आज के टाइम यह चाहती है कि लड़के को थोड़ा बहुत घर का काम भी आना चाहिए क्यों है ना। मैं तो यह जाती थी। और सबसे अच्छी बात यह है कि उन्हें सिर्फ घर का सारा काम तो आता ही है साथ-साथ उन्हें खाना बनाना भी कमाल का आता है। जनाब अक्सर खाना बनाते वक्त कॉल उठाते थे।

अब तो हमारी बातों का सिलसिला शुरू हो गया था कॉल पर। व्हाट्सएप और यहां तक कि दिल्ली की एक एक पिक कंपलसरी थी। हम दोनों को ही काम करने में मजा आता है। और जब जब हमे वक्त मिलता, हम कॉल और मैसेज जरूर करते हैं। और धीरे-धीरे एक दूसरे को जानने और समझने लगे। अनुराग और इश्क कि सुबह साथ होती और रात को बात करते-करते कब 12:00 से 3:00 बज जाते पता ही नहीं चलता था। 3:00 बज गए हैं यह जानकर बड़ी मुश्किल से कॉल रखते थे। और सुबह होते ही फिर से बात करने की जल्दी ही एहसास भी बड़ा कमाल का है और अब तो यह लाइफ का हिस्सा बन चुका है। और यह सिलसिला बातों का ऐसा शुरू हुआ है, कि लगता है यह ऐसे ही चलता रहेगा। तो कृपया करके इश्क को अपना प्यार भरा आशीर्वाद दें। हमारे इश्क शायद प्यार में है। शायद नहीं वह सच में प्यार में है।

3

उसे खोने का डर या सच

इश्क, मुझे डर लग रहा है हां यह सच है पता नहीं क्यों पर लग रहा है आपके साथ कभी ऐसा हुआ है कि आपने जिसकी तमन्ना साल उसी की हो वह पूरी हो जाए और पूरी भी वहां से हुई हो जहां कभी कोई उम्मीद ही ना हो मेरे साथ कुछ ऐसा ही हुआ है मैंने कभी सोचा नहीं था कि अरुराग मुझे कभी खुद को अपनाने के लिए कहेंगे और मैं जैसी हूं मैं वैसे ही उन्हें कुबूल हूं। मैंने जो ऊपर वाले से मांगा वह पूरा हुआ है पर मेरे दिल और दिमाग में एक ही बात घूम रही है। अगर मैं इस रिश्ते को हां बोलूं तो उससे पहले मुझे अरुराग को अपने बारे में सब कुछ सच बताना होगा मेरे अतीत के बारे में भी मैं इस रिश्ते की नींव सच पर रखना चाहती हूं ताकि कल को आगे चलकर कोई भी प्रॉब्लम ना हो।

अरुराग जब मुझसे मेरा जवाब मांगा था तब मैं सोच में पड़ गई थी कि क्या मैं अनुराग को अभी कुछ सच-सच बता दूँ। क्या पता वह मेरे साथ ना रहना चाहिए मैं अनुराग से अब तक मिली नहीं हूं जी हां मैं सच बोल रही हूं मैं अब तक अनुराग से नहीं मिली हूं। अरुराग और इश्क की दोस्ती को 2 साल हो गए हैं पर अभी तक मैं हूं कभी मिली नहीं हूं।

अरुराग हमेशा से मेरी सारी बातें बहुत ध्यान से सुनते थे और मैं उन्हें मेरा एक अच्छा फ्रेंड मानती आई हूं पर उस रात जो बातें अनुराग और

इश्क बीच में हुई आज इश्क बहुत गहरी सोच में है, हां आज मैं बहुत गहरी सोच में हूँ।

दिन तो जैसे-तैसे काम में निकल गया पर शाम होते ही मेरी सोच गहरी होती जा रही है। मैं यह तय कर चुकी हूं कि मैं अरुराग को सब कुछ सच बता दूंगी। हुआ भी नहीं अरुराग ने मुझसे पूछा क्या जिंदगी भर के लिए मेरा हाथ थाम होगी? क्या जिंदगी भर के लिए मेरा साथ दोगी? मैं कुछ पल चुप रह कर बोली - अरुराग, आप अभी मेरे बारे में कुछ भी नहीं जानते एक बार आप मेरी बात सुन लीजिए। क्या पता आपका सवाल बदल जाए या आपका मेरे जवाब को सुनने का कोई मतलब ही ना रहे तो आज जो मैं कहना चाहती हूं आप उसे सुन लो फिर इस रिश्ते के बारे में बात करेंगे कि यह रिश्ता होना भी है या नहीं।

अनुराग का सवाल था कि ऐसा क्या हुआ जो आप ऐसी बात कर रही हो मैं बाकी लड़कों की तरह नहीं हूं यकीन मानी मैंने अनुराग से बहुत प्यार से कहा कि मैं जानती हूं अरुराग कि आप बहुत अच्छे हो पर मेरे मन की शांति के लिए और मैं आपसे कुछ नहीं छुपाना चाहती इसलिए आपको मेरी बात सुनी होगी पर आप मुझे तब तक नहीं रुकोगे जब तक मेरी बात पूरी ना हो जाए अरुराग ने फिर कहा इश्क मुझे आपके अतीत से कोई फर्क नहीं पड़ता। मैं आपको बहुत प्यार करता हूं आपकी बहुत इज्जत करता हूं आपकी किसी भी बात से इसमें कोई फर्क नहीं पड़ेगा मेरा यकीन करो इश्क आपको यह सब करने की कोई जरूरत नहीं है।

मैं अरुराग यह बातें सुनकर थोड़ी आश्वस्त थी कि यह मुझे समझेंगे पर क्या करें हम अपने सपनों को बहुत मानते हैं पर कई बाजी समाज अपनी सोच की वजह से बहुत कुछ खराब करता है और फिर मुझे सिर्फ अनुराग से ही नहीं रिश्ता तो पूरे परिवार से निभाना है तो मैंने कहा अनुराग मेरा एक अति था मैं कुछ वक्त पहले ही उस रिश्ते से आजाद हुई हूं। इस मुझे इससे कोई फर्क नहीं पड़ता सबका अपना अतीत होता है अनुराग ने कहा मेरा भी एक रिश्ता था जो 2 साल था और फिर वह रिश्ता किसी और की मर्जी से खत्म भी हो गया बहुत वर्क लगाओ से बाहर आने में पर देखो आज मैं तुम्हारे सामने बिल्कुल सही हूं मुझे आपके अतीत से कोई फर्क नहीं पड़ेगा प्यार तोल मोल किया तो प्यार

नहीं सौदा किया। मैं अरुराग की बातें सुनकर हंस पड़ी। अरुराग फिर भी मैं आपको सब बताना चाहती हूं मेरे लिए एक बार सुन लो क्या पता आपके विचार मेरे लिए बदल जाए मैं इतना अच्छा नहीं हूं इश्क। अरुराग अनुराग का यह कहना कि मैं इतना अच्छा नहीं हूं इश्क इसका मतलब मैं बहुत अच्छे से समझती थी। अनुराग वाकई में बहुत अच्छे हैं वह जब भी यह कहते हैं कि मैं इतना अच्छा नहीं हूं इसकी इसका मतलब यह है कि आप जो भी कहना चाहते हो उसे मैं ध्यान से सुन लूंगा और उससे मेरे विचारों में या मेरे प्यार की फीलिंग में कोई फर्क नहीं पड़ेगा और आज के वक्त में इतना सही और इतना सच्चा और नेक इंसान बहुत मुश्किल से मिलता है मेरा डर और गहरा होता जा रहा था कि मैं जो बोलने वाली हूं क्या उसका आंसर वाकई में इतना गहरा होगा कि रिश्ता टूटेगा जो एक्चुअली अभी तक बना नहीं था। मैं इस रिश्ते को चाहती हूं मैं अनुराग को भी बहुत चाहती हूं मैं नहीं चाहती कि मेरी किसी भी अतीत की वजह से रिश्ते पर कोई भी असर पड़ेगा और अगर इस रिश्ते पर असर पड़ने वाला है तो वह अभी पड़े क्योंकि अगर रिश्ता एक बार गहरा हो गया तो तकलीफ उससे कहीं ज्यादा होगी। और मुझ में अब इतनी हिम्मत नहीं है कि रिश्तो को खोकर में वापस से नए रिश्ते ढूंढो और उन्हें अपनी जिंदगी मानू। फर्नीचर कहना शुरू किया एक बार मेरी बात सुन तो लो। किसी भी रिश्ते की नींव सच पर होती है मैं कोई भी फैसला तभी ले सकती हूं जब आप मुझे और मेरे बारे में सब जान लोगे।

मैंने अरुराग से कहना शुरू किया। अरुराग मैं एक लड़की को पसंद करती थी उसका नाम ऋषभ था। पंडित था बिहार से। पूरे थे तो दिल्ली में ही थे, उनका होमटाउन बिहार की तरफ था कहीं। हु एक एमएनसी में काम करते थे हम एक डेटिंग आप पर मिले थे। हमारे बीच शुरू शुरू में कुछ बातचीत शुरू हुई। हमारी कुछ बातें मार्च हुई। तो फिर हमें लगातार एक दूसरे से बात करना जारी रखा। हम एक दूसरे से काफी कुछ शेयर करने लगे। कुछ दिन बाद बात करके अच्छा लगा जैसे हमें एक बार तो जरूर मिलना चाहिए। और एक दूसरे को और जाना चाहिए। बीते नवंबर में हमें ले, उत्सव हमने डिनर साथ किया और बात करते

हुए कब रात के 11:30 बज गए हमें पता ही नहीं चला। इसकी यह सब क्यों बता रही हो। मैं समझता हूं आप उसे पसंद करती थी। वह आपका बीता हुआ कल था मैं समझ गया पर आपको मुझे एक एक बात बताने की जरूरत नहीं है मुझे इससे कोई फर्क नहीं पड़ता। अनुराग आप कुछ देर सिर्फ मेरी बात सुन सकते हो मैं आपको सब बताना चाहती हूं बहुत हिम्मत जुटाई है मैंने और बहुत मुश्किल से आपको सब बता पा रही हूं जब दूसरी तरफ मन में यह डर हो कि शायद यह हमारी आखिरी बात भी हो सकती है। क्या पता आप आज के बाद हम से बात करना ना चाहे? तो मुझे मेरी बात पूरी कहने दो और सिर्फ खामोशी से सुनो उसके बाद आपका जो भी फैसला होगा मुझे मंजूर होगा ठीक है इश्क, अब बोलो आपको जो भी मुझे बताना है बताओ मैं सब सुन लूंगा और जब आपकी बात पूरी हो जाए तो मुझे कहना ठीक है। ओके अनुराग कहकर इश्क ने हामी भरी।

उस्ताद जी ने सात करने के बाद हम हर रोज बात करने लगी एक दूसरे से सब कुछ शेयर करने लगे एक दिन मैं काम से बहुत थकी हुई थी और काम ही जल्दी खत्म हुआ एक मीटिंग थी जो कैंसिल हो गई थी जिस बीच ऋषभ का कॉल आया। हमने बात की तो उसने बोला एक काम करें आप घर आ जाओ लंच साथ करते हैं और लंच में बनाऊंगा। मैंने ज्यादा सोचा नहीं और चली गई मैं उनके घर पहुंची मतलब उनका फ्लैट था 2BHK। दिल्ली में अकेले ही रहते हैं हम कभी-कभी माता-पिता उनसे मिलने के लिए आ जाते हैं। उन्होंने मुझसे पूछा बताओ क्या खाओगी? बिरयानी या आमलेट, मैंने आमलेट के लिए हां बोला मेरे मन में वही खाने का था। मुझे आमलेट खाना बहुत पसंद है। हमने साथ में लांच किया। मैं बहुत थकी हुई थी, कई दिन से ठीक से सोई नहीं थी इसलिए ऋषभ से पूछा अगर मैं यहां सो जाऊं तो बुरा तो नहीं लगेगा? मैं बहुत थकी हुई हूं मुझे थोड़ी देर के लिए बस आराम की जरूरत है। ऋषभ ने कहा नहीं कोई बात नहीं ऑफिस के काम में मैं कभी-कभी वह ड्रेन फील करते हैं तो कोई बात नहीं।

मैं वही एक रूम में सो गई पर मैं सो ही नहीं पा रही थी। मेरा सर भी बहुत ज्यादा दुख रहा था चाय भी पी चुकी थी फिर भी। ऋषभ ने देखा मैं

सो नहीं पा रही हूं तो उसने कारण पूछा। मेरे सर में दर्द हो रहा है इसलिए मैं सो नहीं पा रही हूं तो हमने कहा लो मैं सर दबा देता हूं। तुम्हें आराम मिल जाएगा और तुम सो पाओगी। ऋषभ ने काफी देर तक सर दबाया। फिर मैंने थैंक्यू बोला और दूसरी तरफ करवट लेकर सो गई। बहुत कोशिश की सोने की पर सो ही नहीं पाई, शायद मन की बातें हावी हो रही थी धीरे धीरे मैं बेचैन होने लगी बहुत कोशिश करने पर भी मैं नहीं सो पाए जिसका डर था वही हुआ। मैंने ऋषभ को बोला, मुझे नींद नहीं आ रही है उसने पूछा क्या हुआ है बताओ। ऋषभ एक बात बोलूं प्लीज चेंज मत करना अगर तुम बुरा ना मानो तो क्या मैं तुम्हारे गले लग जाऊं। ऋषभ ने कहा मुझे कोई दिक्कत नहीं है और ऋषभ में मुझे गले से लगा लिया फिर पता नहीं कैसे क्या हुआ कि ऋषभ ने मुझे अपने करीब करते हुए अचानक से मुझे किस किया और मैं जैसे ही हूं वहीं रुक गई। फिर हम बहुत करीब आ गए और एक-दूसरे के हो गए। कुछ महीने सब ठीक था। एक दिन मैंने पूछा आप हमारे बारे में अपने परिवार वालों को कब बताओगे? उन्होंने कहा अभी नहीं। जब तक मैं पूरी तरह सफल नहीं हो जाता तब तक वेट करना होगा और अभी 5 साल मैं शादी करने के बारे में सोच भी नहीं सकता। मैंने कहा ठीक है पर 5 साल बात तो हम शादी कर सकते हैं, है ना? तू ऋषभ ने कहा यह सब अभी से क्यों सोच रही हो अभी तो मिले हैं। बात का बाद में देखेंगे अभी सब ठीक है पर क्या पता बाद में ना हो तो फिर शादी तो कोई मतलब नहीं होगा। ऐसे ही कुछ वक्त और निकल गया। अमरीश आपका नेचर बदल रहा था और मैं सोच रही थी ऐसा क्या हुआ है जो मुझसे वह इतना दूर दूर है नहीं लगा है अब तो कॉल भी कम हो गई थी। फिर मुझे ऐसा लगने लगा जैसे रिशब अब इस रिश्ते में ही नहीं है, सिर्फ मैं इस रिश्ते में अकेली हूं। जो इस रिश्ते को निभाती चली जा रही हूं। ना हम एक दूसरे से कुछ कह रहे थे ना सुन रहे थे। यह कहो कि ऋषभ कुछ नहीं कह रहे थे पर फिर भी मेरा दिल सब कुछ सुन रहा था। बस मानने को तैयार नहीं था बिना कुछ कहे उन्होंने सब कुछ कह दिया। कि वह इस रिश्ते में होना ही नहीं चाहते। ना कोई कॉल ना कोई मैसेज, ऐसा वक्त भी आया। 15 दिन कुछ नहीं, कहां है क्या हुआ कुछ भी मालूम नहीं और

बस वो रिश्ता खत्म हो गया बिना कुछ कहे। रिश्ते की शुरुआत 2 लोगों ने मिलकर की थी तो लोगों के होने पर उस रिश्ते का वजूद था वह रिश्ता एक इंसान ने अपने आप को उस रिश्ते से कब बाहर निकाला मुझे पता भी नहीं चला और मैं उस रिश्ते में अकेली थी। यह मुझे तब पता चला जब मेरी बातों का जवाब नहीं आया। उस खाली अकेलेपन में खुद का होना उसका एहसास होना कितना दर्द देता है अपने भरोसे का अपनी ही आंखों के सामने दम तोड़ना कैसा लगता है वह मैंने महसूस किया है। इसलिए मैं हर रिश्ते को प्यार से निभा सकती हूं। मगर प्यार के रिश्ते को निभाने के लिए प्यार मुझ पर बजा है या नहीं मैं नहीं जानती। ऐसा लगा कि अपने आपसे धोखा मैंने होने दिया जानबूझकर। और उस इंसान को मेरा मतलब ऋषभ को इससे कोई फर्क नहीं पड़ा कि मुझे क्या लगा मुझे क्या दर्द हुआ मैं किस रास्ते से गुजर रही हूं मैं किन हालातों में हूं अभी कुछ नहीं। कितना अजीब है ना कि जो लड़की सिर्फ प्यार के लिए बनी है प्यार ही बढ़ती है प्यार ही करती हो और प्यार ही जाती है। मुझसे भी दे तो उसे प्यार मिले लेकिन जब उसकी बारी आई तो सिर्फ धोखा। जिसने कभी गलत नहीं किया जिसने कभी किसी को धोखा नहीं दिया किसी का दिल नहीं दुखा या हर बार उसी के दिल को एहसास महसूस करना पड़ता है कि दर्द वाक्य दर्द देता है। सच बताऊंगी दर्द इतना दर्द देता है ऐसा लगता है जैसे कोई दिल पर पैर रखकर चला नहीं गया बल्कि उस पर खड़ा है। तब तक जब तक तुम्हारी सांस लेना मुश्किल ना हो जाए। तब तक जब तक वह शहर में बस ना जाए। जब भी कोई दूसरा इंसान उतनी ही प्यार से तुम्हारे सामने दोबारा हाथ बढ़ा है तो तुम उसे हमेशा शक की निगाहों से देखो यह भी कहीं वैसा ना हो।

मैंने उस रिश्ते के बाद कभी भी इस रिश्ते के बारे में सोचना बंद कर दिया यह कहो कि दिल के दरवाजे हमेशा के लिए बंद कर दिए। पर उस दिन अनुराग जब आप...

और यह सोचते सोचते इश्क कब सो गई उसको पता ही नहीं बहुत वक्त के बाद आज उसके चेहरे पर सुकून है और बहुत वक्त के बाद आज हमारी मोहतरमा सुबह 11:00 बजे तक सोई है। मेरी तो बस यही दुआ है कि यह वक्त उसकी जिंदगी में ठहर जाए और वह से इतनी खुशियां दे

कि ऐसा ही वक्त और न जाने कितनी बार ऐसा वक्त बनकर आई कि उसकी खुशियां अब कम ना हो बहुत दर्द झेला है। खुद पर बहुत ज्यादा कट हो रही है वह अब बड़े वक्त के बाद उसकी दिल को यह मुलायम सुकून यह मुलायम एहसास मिला है।

4

"शायरी"

वो बहुत खामोश होकर भी इश्क़
अपने अन्दर एक समुद्र समाया है।

5

"शायरी"

वो अकेले चली है इश्क़
खुद को खुद में समेटे
वो अकेली खड़ी है इश्क़
खुद को सही इरादे देते।

6

"शायरी"

कुछ मासूम उमर से परे है इश्क़
उसकी हसी बचपन की याद दिला देती है।

7

"शायरी"

कभी सोचा नही था इश्क़
वो मुलाक़ात इतनी खाश है
यादें ज़रूर बिसरा गयी है
वो बात आज भी याद है।

8

"शायरी"

हमे जिन्दगी मैं और
क्या चाहिए इसके सिवाए इश्क़
बस इतना की वौ सदा खुश
और खिलखिलता रहे।

9

"शायरी"

उसकी आखें बहुत रोयी हैं इश्क़
वो है जौ हर ग़म मै मुस्कुराता है।

10

"शायरी"

वो मुझे भी अपना बौझ समझता है इश्क़
मैने उनका बोझ कम करने का वादा किया है।

11

"शायरी"

वौ दिन भी आयेगा इश्क़
जब वो मुझे जानेगा
वौ दिन भी आयेगा इश्क़
जब वो मुझे जानेगा
मैं दिल बहलाने का समान नही
मैं बिछाया दस्तर्ख नई
मैं सास लेती इन्सान हुन इश्क़
कोई जीती पडती लाँश नही
जिसे चाहो तो टूट कर चाहो
वरना मुझे किसी की दरकार नही
वौ दिन भी आयेगा इश्क़
जब वो मुझे जानेगा
वौ दिन भी आयेगा इश्क़
जब वो मुझे जानेगा।

12
"शायरी"

हम खुद को खो बैठे है इश्क़
जब वो आंखे मिला मुस्कुराता है।

13

"शायरी"

बचपन मै जब तक दिल ना भरे
तब तक उनका दिल ना भरे
कितनी भी आवाज़ लगाऊ उन्हे
कितना भी दराओ उन्हे
बचपन कभी किसी की ना सुने
खयलो मैं अपना सपना बुने
बचपन मै जब तक दिल ना भरे
तब तक उनका दिल ना भरे।

14

"शायरी"

वो क्युं इतना खुशक है इश्क़
मेरे गिरते अशक भी नही दिखते उसे।

15

"शायरी"

जिस जिसने आज तोड़ा तुझे इश्क़
अब कल सहारे तु दे उसे
सपनो को सच करना है
अब कहां किसी से दरना है।

16

"शायरी"

उनसे ना मिलकर भी
उनके होने का एहसास इश्क़
वो जिस्म से नही
रूह से रूबरू होते हैं।

17

"शायरी"

वो कमज़ोर नही,
वो आग है
इस ढलते जीवन का
वो नया आगाज़ है
कल वो निश्बद
और शिथिल खड़ी थी
आज वो खुद को समेते
सब के समक्ष खड़ी थी
आज वो नींद से जाग चुकी है
कौन अपना और कौन पाराया जान चुकी है।

18

"शायरी"

बचपन की हट्ट गजब हसीन है
जीवन इस उमर के आगे कुछ भी नही।

19

"शायरी"

वो तन्हा ही रहना चाहता है इश्क़
वो मुझ से अपना दर्द छुपाना चाहता हैं।

20

"शायरी"

आज ये जानकर खुश हूं इश्क़
उपर वाले ने मुझे हीरा दिया है
राह मैं कठिनाइयाँ बहुत मिली इश्क़
उसके सीने मैं मेरा दिल दिया है।

21

"शायरी"

अम्बर धारा का मले एसा
जैसे मात पिता का प्रेम
जीवन हर पल यहीं रचा
इनके बीच है संसार बसा
होते पूरे चारो धाम
चलते नंनेह पग इनको थाम
दर्द क्या है ये कौन जाने
हर इच्छा ये ईश्वर माने
अनंत अतह है प्रेम हिरदय मे
चिंता से मुक्ति है आशीष मैं
अम्बर धारा का मले एसा
जैसे मात पिता का प्रेम।

22

"शायरी"

मैं उसे मुस्कुराते देखना चाहती हुन
देखना चाहती हुन इश्क़
हालत चाहे कैसी भी हो
उसका साथ देना चाहती हुन।

23

"शायरी"

काटों को किसी की ख्वाईश नही होती इश्क़
उनका वजूद खुद मैं मुकम्मल होता है।

24

"शायरी"

उसे मेरी आखों मै आँसू राश नही आते इश्क़
इसलिये उन्होने सारे बन्धन तोड लिये हमसे।

25

"शायरी"

✦

वो चेहरे पर अपने नक़ाब लगाए है इश्क़
मुझे सिर्फ उनकी आखेँ ही नज़र आती है।

26

"शायरी"

उनकी फ़िक्र में हम हर पल तड़प्तें है इश्क़
एक वो है जिन्हे हमरे इश्क़ का ईलम भी नही।

27

"शायरी"

उसके दिल तक रोज़ पौंछने की कोशिश की है इश्क़
उसके दिल की गहराईयां मेरे दिल मैं घर कर गयी है।

28

"शायरी"

उसकी बात पर हम जान तक लूटा दे इश्क़
हमारी जान जाने की बात पर वो हश देते है।

29

"शायरी"

ये तो मेरा ख़ुदा ही जानता है इश्क़
तुम मेरे जीने के लिये कितना ज़ारुरि हौ।

30

"शायरी"

ये वक़्त ज़ाने कैसा आया है इश्क़
मिलना तो दुर उनकी झलक को भी तरस गई।

31

"शायरी"

कभी सोचा नही था इश्क़
किसी से मुलक़्क़त इतनी खास होगी
कांटे भाने लगे है हमे
अब काटों की बरसात होगी।

32

"शायरी"

कुछ डरी हुन मैं
कुछ सेहमी हुन मै
खुद को खुद से मिलाने
अब अकेले ही चली हुन मैं।

33

"शायरी"

आज भी हमे उनका इन्तज़ार है इश्क़
एक वो है जौ हमे भुलाए बैठे है।

34

"शायरी"

इश्क़ का रंग भी कमाल है इश्क़
मुझे अब कोई रंग भाता ही नहीं ।

35

"शायरी"

हर जगह दुन्धा उसे इश्क़
वो मिला भी तो दिल एक कोने मैं
ना जानें कब दस्तक दी उसने
और दिल को अपना बना लिया।

36

"शायरी"

चाहती हुन वो मेरा हाथ थामले इश्क़
इस्से पहले की मेरा सासों से दमान चौरै।

37

"शायरी"

बार बार उनसे बात का दिल करता है इश्क़
एक वो है जौ दिल को समझते ही नही।

38

"शायरी"

आज उमर की उस दहलीज़ पर खड़े है इश्क़
जहान बाहरी चका चौंध फीका है,
बहुतों ने कोशिश की इस दिल मैं आने की इश्क़
पर ये दिल आज भी उसी को जीता है।

39

"शायरी"

बचपन कितनी मासूम उमर है
ना शरम ना लिहाज़ की फिक्र हैं।

40

"शायरी"

उसके दिल मे मैं हून इश्क़
उसकी हर धड़कन मे मैं हून
हमारी रहें अब साथ आई हैं
बहुत वक़्त के बाद अब सांस आई है।

41

"शायरी"

दोनो के दर्मियां दूरि है इश्क़
हम एक दुसरे मै अपना वजूद खोजते है।

42

"शायरी"

ये मेरा लिखना भी कुछ ऐसा है इश्क़
जिसके हर शब्द मैं उनका ही नाम है।

43

"शायरी"

वक़्त बरबाद करना तो कोई उनसे सिखे इश्क़
अपने अलावा सबका वक़्त उन्हे खाली ही लगता है।

44

"शायरी"

करम उसके लिये सर्वोपरि है इश्क़
हर करम को वो बड़ी लगन से करता है।

45

"शायरी"

ये अल्ल्हद सा बचपन कोई देखे जारा
ना फ़िकर ना चिंता कोई पूछे जारा।

46

"शायरी"

ये बचपन सहदेव कुछ पल और मांगता है
वक़्त ना मिलने पर गुशा बहोत आता है।

47

"शायरी"

उसकी परवाह मुझे हर दम है इश्क़
मैं उसके लिये अजनबी हून आज भी।

48

"शायरी"

मैं हर उस्स पल की माफी चाहती हून इश्क़
जिस भी पल मैने उसके दिल को दुखाया हो

49

"शायरी"

आज उस्से करीब से मेहसूश किया है इश्क़
मैं उसके और वो मेरे रोम-रोम मे है।

50

"शायरी"

उनसे मिलना तो रोज होता है इश्क़
वो मुस्कुराते ही रेहते हैं
वो कभी कुछ बोलेंगे ही नही इश्क़
उनकी आखें हर दर्द बायन करती है।

51

"शायरी"

वो हर वक़्त काम के पीछे हैं इश्क़
हमारा सारा वक़्त ही उनका है।

52

"शायरी"

उसपर सरेआम कीचड़ उछाला जाता है इश्क़
इसी कीचड़ से मूरत बनेगी जो पूजी जाएगी
कीचड़ से रूप उज्लेगा उसका वक़्त का फेर है
करम उसका साथ देंगे कला ईमान मिट्टी का ढेर है।

53

"शायरी"

अब खुद को तरसना है इश्क़
अब बात मेरे जीतने की है।

54

"शायरी"

उसकी आखेँ बहुत शौर करती है इश्क़
खामोश होठ उसके हमेशा मुस्कुराते है।

55

"शायरी"

उसकी सासों को कल मैंने मेहसूश किया इश्क़
उसके लबों ने हमारे लबों का शुक्रिया अदा किया।

56

"शायरी"

डरते-डरते पानी को चुना
फिर पानी को अपना कर लेना
बचपन की उमर कमाल है
इस उमर इस्स हुनर को सलाम है।

57

"शायरी"

जाने वाला कल चलावा था इश्क़
आने वाला कल तेरे नाम होगा।

58

"शायरी"

वो कभी नही सोचता मुझे कैसा लगता है इश्क़
हर बार वो मेरे दिल दुखाने की बात करता है।

59

"शायरी"

बहुत वक़्त हो गया उनसे बात किये इश्क़
वो हमसे अपनी बात कभी करते ही नही।

60

"शायरी"

मन तो बड़ा भोला-भाला है इश्क़
छल तो केवल दिमाग का खेल है।

61

"शायरी"

जिन रातों मे आँखें सुकून सी सोयी इश्क़
हमारी वो रातें अब फना हो गयी है।

62

"शायरी"

ये दिन भी बहुत गज़ब है इश्क़
आज कुछ अजनबियों मे अपनापन देखा।

63

"शायरी"

आँखो मे अब नींद कहां इश्क़
अब रातों मे भी सफ़र तय करना है।

64

"शायरी"

काश वो इस वक़्त को समझते इश्क़
वक़्त कभी एक सा नही होता है।

65

"शायरी"

वो दूर है मुझसे मैं जानती हून इश्क़
उसका युन खयलों मे होना क़बूल है मुझे।

66

"शायरी"

वो डर भी मैने जिया है इश्क़
जब मेरा रब रुठा था मुझसे।

67

"शायरी"

प्यार मैं पागलपन नहीं तो कैसा इश्क़
होश मे रेहकर तो सौदा किया जता है।

68

"शायरी"

उसे देखते देखते ये उमर ढाल जाए इश्क़
ये मेरी ज़िंदगी उसके नाम हो जाए इश्क़।

69

"शायरी"

क्या कहूं उसे वो समझेगा नही इश्क़
उसकी कुछ बातें दिल भेद देती हैं।

70

"शायरी"

शुक्रिया अदा किया मेरे दिल ने इश्क़
मुझे प्यार से नफरत नही हुई।

71

"शायरी"

सपने पूरे करते वो
ज़िम्मेदारीयां निभाता है इश्क़
कभी-कभी वो खामोश हो
आखों से नीर बहता है।

72

"शायरी"

वक़्त पे अपनो से मिलना ऐसा है इश्क़
मुरझाए दिल को जैसे खिला दे कोई।

73

"शायरी"

उसे मेरा चुप-चुप कर देखना इश्क़
उसे गले लगाने जैसी खुशी देता है।

74

"शायरी"

मोहब्बत अपने आप मै ही
एक खूबसूरत एहसास है इश्क़
मोहब्बत मै जीने वाले
किसी को मरने नही देते।

75

"शायरी"

वो मेरी रात का चाँद हो गया इश्क़
उसकी मौजोद्गी मेरे होने का वजूद है।

76

"शायरी"

वो जब मेरा हाथ थामता है इश्क़
आँखें हमारी रिश्ते का सबूत देती है।

77

"शायरी"

वो इश्क़ है मेरा
मुझे गरूर था इश्क़
अर्श पर हम बिखरे हैं
अब्के ऐसे टूटे हैं।

78

"शायरी"

प्यार की तपिश मन को शान्त करती है इश्क़
शान्त मन प्यार की तपिश बढाता है।

79

"शायरी"

प्रेम अती निर्मल और निश्चल है इश्क़
इसे किसी से मांगा नही
जिया जाता है इश्क़।

80
"शायरी"

वो अपनी हर बात चंद अल्फाजौं मे
केह देते है इश्क़
और एक हम हैं
जौ चंद बातों के एहसास मे डूब जाते हैं।

81

"शायरी"

इस कुदरत की खुबसूरती कमाल की है इश्क़
कुछ इसे जीते हैं तो कुछ तस्वीर बनाते हैं।

82

"शायरी"

उस्से लड़ना भी मेरा प्यार है इश्क़
मेरे प्यार को बस नज़र ना लगे इश्क़।

83

"शायरी"

बारिश मै ये गीली मिट्टी की सौंधी सी खुशबू इश्क़ याद करा गयी उनसे मिली हमारी पेहली नज़र।

84

"शायरी"

आज पूरे दिन बारिश हुई है इश्क़
हम और हमारा मन अब भी सुखा है।

85

"शायरी"

भागते दौडते,
सुकून को ढूनढ़ते
सुकून खोते जा रहे हैं इश्क़
काश खुद को रोक कर वक़्त थाम लें
जौ पास है बच जाए शायद
युन तो सब खुद को जला रहे हैं
अब ना रोका गया इन सबको,
तो शायाद खुद की राख भी ना मिले अपनो को।

86

"शायरी"

चलनी से चानी है ये चन्द्नी इश्क़
उसकी निगाहें सारे-आम चूम लिया करती हैं।

87

"शायरी"

आज भी वो मुझसे रुबारू होता है इश्क़
अब उसकी आखेँ दिल का हाल बयान नही करती।

88

"शायरी"

उनकी अपने काम से इतनी यारी है इश्क़
काश उन्हे कभी हमसे भी काम हो।

89

"शायरी"

उसके हौसले बहुत बुलंद है इश्क़
पर कभी कभी वो कमज़ोर पड़ जाता है।

90

"शायरी"

आखों मे सपनो का पहरेदार है
मेरे जीवन के हर मे शुमार है
इस धड़कते दिल से कोई पूछे इश्क़
हमारे जीवन मे उनकी ही दरकार है।

91

"शायरी"

वो हर बात मे है
मेरे हर ज़ज्बात मे है
युन तो कभी समझा नही इश्क़
मेरा हर कल मेरे आज मे है।

92

"शायरी"

वो निगाहों पर शरम का
पर्दा गिरा रेहते हैं
झुकी नज़र उनकी दिल मे
कोहराम मचाती है।

93

"शायरी"

क्या इतना मुश्किल है उसको समझना इश्क़
जितना समझती हुन उतना ही उलझ जाती हुन।

94

"शायरी"

आज मैने अपना खुदा रुसा दिया इश्क़
ना चाहते हुए भी आज उसका दिल दुखा दिया।

95

"शायरी"

उसके रुख्सरों पर नज़र रुख सी जाती है इश्क़
हैरानी है कोई इतना मासूम कैसे हो सकता है।

96

"शायरी"

खुबसुरत बहुत है इश्क़
पर उसको मुझसे इश्क़ नही।

97

"शायरी"

वो दिल से खारा सोना और व्यक्तितव का हीरा है इश्क़
उसका मोल कौन समझे इस पीतल के जाहन मे।

९८

"शायरी"

उसे सोच ने की बहुत बुरी आदत है इश्क़
मेरे सच्चे एहसास के सबूत मांगता है वो।

99

"शायरी"

उसके कदमों के निशान आज भी है इश्क़
वो दिल मै आया तो है बसने के लिये।

100

"शायरी"

मै आज आज़ाद हुन
इस्स युग का नयी आगाज़ हुन
मैं सपनो का पायेदान हूँ
मैं ख्वहिशौ का आसमान हूँ
मैं आग हूँ
पानी हूँ मैं
मैं एक नई दास्तान हूँ
मैं आज आज़ाद हूँ।